AF279343

Ana Forbel

APULEYO EDICIONES   FOMENTO DE VALORES   CUENTOS ILUSTRADOS

El secreto de los miedos

APULEYO EDICIONES   FOMENTO DE VALORES   CUENTOS ILUSTRADOS

Bienvenidos y bienvenidas al maravilloso mundo del cuento ilustrado.

Apuleyo Ediciones desea a todos los niños y niñas una feliz lectura que inspire vidas y llene de valores sus sueños.

¡Comenzamos!

Esta es una historia de antes, de cuando tenía miedo a un montón de cosas. Eran tantas que hice una lista:

Puse tres puntos suspensivos al final porque no cabían todos mis miedos. Y la penúltima línea debía ocuparla el mayor de ellos, pero como sabía que era una bobada, no quería dejarlo por escrito; me daba mucha vergüenza que alguien lo descubriese. Me aterraba ¡¡¡el desagüe de la bañera!!! Ver cómo el agua y la espuma se escapaban por él me ponía malo: gritaba, lloraba y me cogía al cuello de mamá desesperado. ¿Qué pasaría si yo también me colaba por ahí? Ella se enfadaba un montón. Decía que con ocho años no podía ponerme tan nervioso a la hora del baño, que era un «suspiricio», o algo parecido. Pero yo no podía evitarlo.

Una noche, la lie un montón. Casi tenemos un disgusto, como contó mamá a papá durante la cena. Para que me bañara tranquilo, habíamos acordado que ella no debía quitar el tapón mientras yo estuviese dentro de la bañera, pero ocurrió algo catastrófico: ¡los dedillos de mis pies se engancharon en la cadena del tapón y lo arrancaron de cuajo! Me eché a temblar sin remedio al ver cómo el desagüe se tragaba el agua, pero lo peor de todo era el ruido. Parecía que al otro lado del agujero había un monstruo gigantesco soltando un eructo interminable.

Me puse como loco: chillé, pataleé e intenté trepar por mamá para salvarme. Pero ¡pobre mamá!, me agarré a ella tan fuerte que acabó cayendo en la bañera.

Cuando me fui a la cama, no conseguí dormir. No dejaba de pensar qué habría pasado si mamá o yo nos hubiéramos hecho daño por culpa de un miedo tan tonto. No podía continuar así, tenía que hacer algo.

De repente, alguien susurró:

—David, David...

Me quedé paralizado. Eso sí daba miedo de verdad. No era la voz de mamá y tampoco la de papá, se parecía a la de mi amigo Samuel, pero estaba claro que no podía ser él.

—No te asustes —dijo la vocecilla.

«¿Qué hago? ¿Grito, pido socorro?», pensé, atónito.

—No tienes que hacer nada de eso. Solo soy tu valor.

¡Madre mía! Podía leerme la mente. No sé cómo, pero me atreví a preguntar:

—Eres mi… ¿mi qué?

—Soy Valor, tu valor. Creo que ya es hora de conocernos.

Me froté mucho los ojos. No me lo podía creer. En mis ocho años, nunca había visto nada igual: sentado en mi cama, había un ser diminuto igualito a mí.

—Sí, sí, nos parecemos porque soy una parte de ti —contestó de nuevo a mis pensamientos.

—¿Mi valor? —pregunté con curiosidad.

—Síií, eso he dicho —dijo, un poco molesto—. Todo el mundo tiene valor, pero solo los niños más miedosos lo ven cara a cara. Así aprenden que no están solos en su lucha contra los miedos.

—¿Yo no estoy solo?

—No, yo te ayudo. He aparecido para que descubras el secreto de los miedos. Así podrás vencerlos.

—¡Guau! —Acabar con ellos me parecía la mejor de las noticias—. Entonces, cuando lo descubra, ¿seré capaz de entrar en la jaula de un león o de nadar entre tiburones?

—A ver, a ver… —Valor puso los ojos en blanco—. No significa que puedas hacer algo que sea peligroso de verdad. No te atreverás a entrar en la jaula de un león, tampoco a lanzarte desde lo alto de un edificio sin paracaídas o a meterte en uno que esté en llamas.

—Pues vaya. —Resoplé, decepcionado—. Creía que descubriendo su secreto ya no tendría miedo a nada.

—Dejarás de temer cosas que no pueden dañarte, pero contra los miedos protectores no trabajo —dijo con la misma cara que mamá cuando me advertía algo—. Tienen una función fundamental: mantenerte a salvo. Yo me encargo de los burlones, los que no te dejan hacer cosas inofensivas, como todas las que tienes en tu lista.

—¿Y tú sabes cuál es su secreto?

—Por supuesto, soy Valor —dijo, poniéndose chulito.

—Pues cuéntamelo —dije con retintín.

—No puedo, tienes que averiguarlo tú. Yo solo te guiaré. Por eso, voy a contarte ALGUNOS DETALLES SOBRE LOS MIEDOS.

—¿Qué detalles?

—No seas impaciente. Lo **PRIMERO** que debes conocer es su aspecto —dijo Valor mientras se sentaba sobre mi rodilla—. Los miedos **BURLONES** son como pequeños globos de agua de colores oscuros. Tienen una mirada maléfica y dan saltitos. No hablan, pero emiten unas risitas de lo más desquiciantes.

Mi nuevo amigo parecía incómodo sobre mi rodilla. Se deslizó por mi muslo y brincó hasta mi barriga. Al estar más blandita, no tardó en recostarse. Me aguanté la risa y pregunté:

BURLÓN
PROTECTOR

—¿Y cómo son los **PROTECTORES**?

—Es fácil identificarlos. Tienen la misma forma que los burlones, pero todos son de color azul oscuro con un rayo amarillo sobre los ojos. Ellos siempre están serios; no dan miedo, pero sí mucho respeto porque son la autoridad.

—¡Ah, ya lo entiendo! Igual que los policías.

—Exacto. Los policías se encargan de nuestra seguridad y los miedos protectores de evitar que nos pongamos en situaciones peligrosas. Son muy necesarios.

—Me gustan los protectores...

—Bueno, sigamos con el SEGUNDO PUNTO —me cortó Valor—: todo el mundo tiene UNA JAULA LLENA DE MIEDOS. Cuando digo todo el mundo, digo todo el mundo, incluso los papás y las mamás o los abuelos y las abuelas, aunque no lo sepan.

—¿Yo también? —pregunté, intrigado; nunca había visto una.

—Por supuesto. Y no me interrumpas —me regañó—. El TERCER PUNTO que debes conocer es qué ocurre cuando decimos que tenemos miedo.

—¿Y qué ocurre?

—Te he pedido que no me interrumpas —insistió, enfadado—. En algunas ocasiones, los miedos se escapan de su jaula y hacen una BARRERA para no dejarnos pasar. A ti te la hacen delante de la bañera y de todas las cosas que aparecen en tu lista. A algunas personas se les escapan muchísimas veces. Son los miedosos y las miedosas. Tú eres uno de ellos.

—Bueno, puede... Pero hay algo que no entiendo: ¿por qué tengo tanto miedo si nunca los he visto?

—Porque los sientes, aunque no los veas. Como te he dicho, todo el mundo siente miedo alguna vez, incluso los que dicen que no. Ahora tú podrás verlos, pero solo hasta que descubras su secreto.
—¿Y por qué mis miedos se escapan tanto?

—He de reconocer que es por mi culpa —dijo con cara compungida—. En estos ocho años, he sido bastante perezoso. No te he ayudado lo suficiente.

Entonces me molesté yo. Desde bebé, sentía un miedo espantoso por un montón de chorradas y montaba unos espectáculos tremendos delante de todo el mundo. Y resultaba que era culpa de Valor... Tuve que respirar hondo para que mi enfado no fuese a más.

—Te ruego que me disculpes.

—Si a partir de ahora me ayudas...

—Por supuesto. Para eso he venido —continuó Valor—. Seguimos. El **CUARTO DETALLE**, el más importante y que nunca debes olvidar, es que los miedos **NO TE HARÁN NADA MALO**. Como te he dicho antes, son molestos, pero no peligrosos. Se escapan y hacen barreras para burlarse de sus dueños. Tú eres el dueño de tus miedos, por tanto, solo tú puedes acabar con ellos. Y lo lograrás averiguando su secreto.

—¿Y cómo lo descubro? —Cada vez estaba más intrigado.

—Traspasando sus barreras.

—No seré capaz —dije convencido.

—Con mi ayuda, sí. Soy tu valor, los miedos se vencen con valor. Mañana mismo empezaremos a traspasar barreras. Cuando tu madre diga que te tienes que bañar, muchos de tus miedos saldrán de la jaula. En ese momento, avanzarás hacia ellos; aunque no te atrevas, deberás hacerlo, yo estaré contigo. Así descubrirás su secreto y no volverán a ponerte ninguna barrera a la hora del baño.

—Eso es imposible. Después de lo de hoy, nunca dejaré de tener miedo al desagüe de la bañera —dije, resignado.

—Después de lo de hoy —repitió mis palabras—, como te han asustado tanto, querrán escaparse muchos más. Siempre pasa, les encanta desesperar a sus dueños. Pero eso no cambia nada: lo lograrás de todos modos.

—Buf, no creo —resoplé.

—Que no me interrumpas —dijo Valor, de nuevo visiblemente molesto—. Paciencia, necesitas paciencia. El secreto no lo descubrirás a la primera, lo más probable es que tengas que atravesar la barrera varias veces. Tú ahora descansa. Intenta no pensar en el baño de mañana. Si lo haces, los miedos se escaparán esta misma noche.

Y así, sin decir más, Valor desapareció. Yo me recosté para dormir, pero vi una libreta diminuta sobre mi mesilla. Cogí la lupa que siempre guardo en el cajón y con ella pude leer las letras escritas en la primera hoja.

Al día siguiente, casi no pensé en la hora del baño, como Valor me había pedido. Cuando llegó el momento, mamá me dijo que, si no la liaba, podría ver una peli después de cenar —era lo mejor de los sábados por la noche—. Yo quería que todo saliera bien, pero, ya en el baño, noté que las manos me temblaban mientras me quitaba la ropa. Intenté que no me importase, pero me di cuenta de que no solo sentía miedo, ¡ahora también podía verlos!

Los burlones estaban por todas partes. Valor los había descrito a la perfección. Parecían globitos de agua. Saltaban y reían sin parar mientras se apilaban en el borde de la bañera.

Se me agarrotaron los brazos y las piernas y me recorrió un calor tremendo. Parecía que me hubiera tragado una bola de fuego gigante. Y, de repente, exploté: salí corriendo despavorido, como si me siguiera un grupo de zombis. Lloraba y gritaba como nunca lo había hecho. La situación era totalmente ridícula porque ¡encima estaba desnudo!

Mis padres se dieron un buen susto. En lugar de enfadarse, se preocuparon mucho, muchísimo. No me obligaron a bañarme y dejaron que viera la peli para que me relajara. Me aseguraron que pedirían consejo al médico. ¡Oh, no: el médico también me aterrorizaba!

De nuevo en la cama y sin poder dormir, una vocecilla me preguntó con tono compungido:

—¿Podrás perdonarme?

Me incorporé. Valor estaba sobre mi cama.

—¡No me has ayudado! —grité, enfadadísimo.

—Yo… yo… lo siento mucho. Como te dije, soy bastante perezoso, y se me pasó la hora de tu baño —dijo, poniendo cara de pena.

—Me has dejado solo…

—Lo siento, de verdad, la próxima vez no te fallaré. Si ves que no llego, solo tienes que pensar en mí y apareceré.

—¿Seguro? —pregunté, aún enfadado.

—Sí, pero no hará falta que me llames; apareceré, te lo prometo.

—De acuerdo, mañana volveremos a probar —dije a la vez que me tumbaba, dándole la espalda.

El domingo pasó bastante rápido porque estuve todo el día jugando con la bici, el patín, el balón y los camiones volquetes. Como acabé lleno de arena y de sudor, era imposible librarme del baño.

Cuando mamá se puso a llenar la bañera, empecé a sudar muchísimo. Desde mi habitación, escuché sus risitas tenebrosas. Ya estaban escapándose de la jaula y Valor aún no había llegado. Pronto la barrera de miedos sería enorme y no habría forma de avanzar, así que lo llamé: me concentré y dije su nombre mentalmente varias veces.

—Uaaah… —Apareció desperezándose sobre mi hombro.

—Al fin vienes —dije, molesto.

—Sí, discúlpame, el sueño me puede. Has hecho muy bien en avisarme. Es el primer paso para acercarte a la barrera de miedos. Por lo que oigo, ya debe ser bastante larga. Tenemos que ir —dijo, poniéndose en marcha.

Me costó, pero le hice caso.

Mamá se alegró mucho al ver que entraba en el baño sin que me hubiera llamado todavía. Me dio un beso en la cabeza y se fue a buscar un albornoz limpio a la habitación. Entonces, me quedé congelado: decenas de miedos formaban una barrera sobre el borde de la bañera y delante de ella. Hasta Valor se sorprendió. Como el día anterior, podía verlos y sentirlos. Por suerte, Valor se dio cuenta de que estaba a punto de llorar.

—David, respira hondo y suelta el aire muy despacio. Si hace falta, cierra los ojos —dijo con suavidad desde mi hombro.

Seguí sus instrucciones y me relajé.

—Lo estás haciendo genial —me dijo Valor—. Ahora acércate poco a poco.

Avancé hacia la bañera y abrí los ojos para entrar en el agua. Para mi sorpresa, la barrera ya era más pequeña. Muchos miedos habían vuelto a la jaula. Estaba funcionando.

—Venga, métete —dijo Valor desde el borde—. Continúa respirando despacio.

No me lo podía creer: estaba dentro del agua. Mamá se alegró mucho al verme. Mientras me lavaba el pelo, algunos miedos se movían por la bañera, pero parecía que ya no se divertían. Valor me dijo que era buena señal. Ellos disfrutaban cuando lloraba y gritaba, pero así se aburrirían y ya no se escaparían de la jaula a la hora del baño.

Cuando mamá me aclaró el pelo, Valor me dijo que quitara el tapón del desagüe. Solo con pensarlo, temblé de nuevo. Algunos miedos volvieron a salir de la jaula con sus risitas desquiciantes.

—Respira. Cierra los ojos otra vez. —Valor saltó desde el borde de la bañera hasta mi hombro.

Lo hice durante unos instantes. Al abrirlos, Valor me dijo que era el momento de quitar el tapón. No sé cómo, pero lo logré, y el desagüe se tragó el agua con el mismo sonido espeluznante de siempre, pero ya no me resultaba tan insoportable. Como era de esperar, yo no me colé por él y tampoco apareció el gigante de los eructos. Lo mejor fue que los miedos regresaron a la jaula. Bueno, no todos, algunos desaparecieron para siempre por el desagüe.

Mamá se puso tan contenta que, aunque era domingo y a la mañana siguiente había cole, me dejó ver una peli. En cuanto terminó, me metí en la cama. Me sentía superfeliz: ¡había quitado el tapón estando aún dentro de la bañera!

—Enhorabuena, David, lo has conseguido.

Me incorporé y vi a Valor sobre mi rodilla.

—Sí, me he bañado sin liarla.

—No me refiero solo a eso. Te doy la enhorabuena porque has descubierto el secreto de los miedos.

—Uy, es verdad, se me había olvidado. Pero siento decirte que todavía no sé cuál es su secreto.

—Piensa un poco: ¿qué ha ocurrido cuando te has enfrentado a ellos?

—Que han desaparecido… —dije, aunque dudando.

—Sí, pero lo importante es por qué lo han hecho —dijo Valor, impaciente—. Nunca hay que huir de los miedos, sino atravesar sus barreras. No lo soportan, se aburren un montón si no asustan a sus dueños. Ese es el gran secreto para acabar con ellos. Por eso, algunos vuelven a encerrarse en su jaula y otros se esfuman para siempre, como los que se han ido por el desagüe.

—¿Y por qué no me lo habías dicho antes?

—Porque tenías que comprobarlo tú mismo. No me habrías creído.

—Uy, pues ahora creo que hasta sería capaz de atravesar una barrera de miedos protectores. —Empezaba a gustarme sacar de quicio a Valor.

—Bueno, puedes probar, los miedos protectores tampoco te van a hacer nada malo, pero el león... En fin, ha sido un placer —se despidió, pero se detuvo al ver la libreta sobre mi mesilla—. ¡Vaya! Pensaba que la había perdido. —La cogió, sacó un diminuto lapicero de su bolsillo y tachó varios puntos de la lista—. Ahora sí, nos vemos pronto, David.

Desde entonces, todo ha ido mucho mejor. Cada vez hay menos miedos en mi jaula y los que quedan ya casi no salen, los controlo bastante. Con Valor y mucho esfuerzo, voy rompiendo las barreras que me hacen y logro que se aburran un montón.

Ahora ya no puedo verlos. Solo los siento a veces, pero muchas menos que antes. Eso es normal, le pasa a todo el mundo. Tampoco veo a Valor, aunque siempre está ahí, ayudándome a traspasar barreras. Bueno, en alguna ocasión tengo que llamarlo porque se queda dormido, pero sé que puedo contar con él.

Lo mejor de todo es que ahora mi lista de miedos es mucho más corta.

Miedos de David M. A.

- ~~El dentista~~
- ~~Las inyecciones~~
- Montar en avión, aunque nunca lo he hecho
- Montar en moto, aunque tampoco lo he hecho
- ~~La piscina~~
- El mar
- ~~Las pulgas~~
- ~~Los espantapájaros~~
- Los perros grandes

- ~~Los perros pequeños~~ (Los medianos todavía no)
- La oscuridad
- Las alturas
- Los túneles largos
- Los túneles cortos
- Los señores con orejas enormes (no puedo explicarlo). Digo sin poder explicarlo.
- ~~El desagüe de la bañera~~

...

© Ana Isabel Sebastián Pérez (de la obra)
©Apuleyo Ediciones (de esta edición)
Primera edición en Apuleyo Ediciones: octubre 2024
Diseño de cubierta: Sofía Corzo González
Corrección: Aitor Andreu Guerrero
Maquetación: Ernesto Pérez Martínez
Ilustraciones: Romina Camoranesi
Coordinación editorial: Isidoro Cidre González
info@apuleyoediciones.com
www.apuleyoediciones.com
ISBN: 978-84-1060-136-9
Depósito legal: H 90-2024

Hecho e impreso en España.